LA

GRANDE KABILIE

SOUS LES ROMAINS

PAR

M. Adrien BERBRUGGER,

Conservateur du Musée et de la Bibliothèque d'Alger.

Extrait de la Revue orientale et algérienne. — Mai 1853.

PARIS.

AU BUREAU DE LA REVUE ORIENTALE,

RUE DE BABYLONE, 68.

1853

LA GRANDE KABILIE

SOUS LES ROMAINS.

I.

Les opérations viennent de recommencer en Kabilie; et l'attention publique se fixe de nouveau sur cette partie intéressante de nos possessions algériennes. C'est donc un moment opportun pour retracer succinctement le passé des fiers montagnards qui l'habitent de temps immémorial et qui ont réussi à s'y maintenir à peu près indépendants sous les nombreuses dominations qui se sont succédé jusqu'ici dans l'Afrique septentrionale.

Si l'on admettait sans examen les assertions des historiens berbers, les annales de ce peuple remonteraient bien au-delà de la conquête romaine; mais comme elles ne parlent ni de cette conquête, ni de la longue occupation qui l'a suivie, le silence gardé sur des faits aussi avérés, aussi considérables, rend leur témoignage passablement suspect, ou du moins en restreint beaucoup la valeur. On pense, avec quelque raison, que sur des généalogies antiques, mais plus ou moins altérées, les Berbers auront, lors de l'invasion musulmane, greffé des récits traditionnels vagues et incomplets, pour se donner de l'importance aux yeux du vainqueur.

L'histoire romaine, de son côté, ne parle presque pas de la Kabilie; cela se conçoit plus facilement. La géographie est un peu moins avare de détails; nous allons lui emprunter quelques renseignements.

Dans la première feuille de l'Afrique, d'après Ptolémée, la partie de la Méditerranée appelée *Pelagus Sardonum* (Mer des Sardes); l'Isser, sous le nom de *Serbétès;* et l'oued Sahel, ou rivière de Bougie, sous celui de *Nasavua*, *Nasabat*, enceignent le territoire de la Grande Kabilie. Dans la carte de Peutinger, ces deux cours d'eau descendent d'une montagne, (*Beron, Beren* ou *Berin*), qui paraît être le Dira. Là, en effet, prennent leur source l'oued Zaroua et l'oued el-akhal, branches supérieures de l'Isser et de l'oued Sahel.

La table peutingérienne donne le nom de *Nababes* aux anciens peuples de la Grande Kabilie; ce sont des *Nabades*, selon Pline. Ptolémée connaît des *Nabathres* au nord du pays des Cirtésiens. Une inscription trouvée en Kabilie par M. le général Paté, et que le Musée doit à la bienveillance de cet officier général, offre l'expression technique *Nababe*, ce qui fixe la vraie leçon.

Ethicus, décrivant la partie centrale de la côte algérienne, place les *Quinquegentiani* entre *Salde* (Bougie) et *Rusuccuru* (Dellis). Ce sont les Nababes sous un nom plus moderne; ou, pour mieux dire, sous une désignation purement politique appliquée à une confédération de *cinq tribus*, à un sof, comme on dirait aujourd'hui.

J. Honorius, dans une énumération qui semble faite de l'Est à l'Ouest, nomme les *Quinquegentiani* entre les *Fluminenses* et les *Bostreenses*. Ces Fluminensiens seraient-ils les habitants de la *vallée* du Sahel; et les Bostreens étaient-ils des Berbers *Botr*, dont une fraction, sous le nom de Louata, se trouvaient encore, au temps d'Ebn Kaldoun. (Voy. T. I, p. 236, traduction de M. de Slane), dans la plaine de Tagrert qui fait partie de la campagne de Bougie?

L'anonyme de Ravenne place entre *Salde* et le municipe de *Ruseius* (1), la cité (*civitas*) de *Quintas*, dont le nom rappelle assez

(1) Le *Rusaziz* de l'Itinéraire d'Antonin, le *Rousazous* de Ptolémée, le *Rusahu* de la carte peutingérienne.

celui des *Quinquegentiani*, sur le terrain desquels notre auteur indique son emplacement.

Il résulte de tous ces passages, que les Quinquégentiens habitaient le territoire de la Grande Kabilie, et qu'ils étaient les mêmes que les Nababes, ou, du moins, sur le même terrain.

Mais Julien Orator dit que les *Abenni*, qui demeuraient sur le versant des *Montes Caparii*, avaient pour voisins les *Quinquegentiani*, les Masices, les Baouares et les Massyliens. Or, nous verrons dans l'analyse de la guerre de Firmus, que les Abenni avaient les Ethiopiens très près d'eux, ce qui rejetterait les Quinquégentiens dans le Sud, fort loin du littoral.

Cette difficulté disparaîtra, si l'on se rappelle que ce mot signifiant confédération de *cinq tribus*, peut fort bien avoir été appliqué à des peuplades différentes. Au reste, nous y reviendrons en parlant de la guerre de Maximilien Hercule.

M. Mac Carthy pense avoir trouvé dans Ptolémée une route qui reliait *Salde* (Bougie) à *Auzia* (Aumale), en passant le long de la Grande Kabilie. Cette route, qu'on ne voit, dit-il, ni dans l'itinéraire d'Antonin, ni dans la table peutingérienne, est ainsi jalonnée (1) :

Salde (Bougie).	
Tubusuptus (Bordj-Tiklat) .	25 kilomètres.
Rhobonda	6
Ausum (Akbou)	34
Vazagada	35
Auzia (Aumale)	50
Total	150 kilomètres.

En construisant ce tronçon à l'aide des indications de Ptolémée, l'autorité invoquée par M. Mac Carthy, on obtient des résultats fort différents :

Salde.			
Tubusuptus,	à	100 kilom.	au S.-E. de Salde.
Rhobonda,	à	32 —	à l'Ouest de Tubusuptus.
Ausum,	à	30 —	au S.-S.-O. de Rhobonda.
Vazagada,	à	48 —	au S.-O. d'Ausum.
Auzia,	à	24 —	au S.-O. de Vazagada.
	Total	234 kilom.	au lieu de 150 kilom.

(1) Voy. le journal *l'Algérien*, mai 1852.

On observera d'abord que Ptolémée place Auzia presque sous le même méridien que Salde (10' plus à l'Est), tandis que Bougie et Aumale, qui occupent l'emplacement de ces antiques cités, offrent une différence en longitude de 1° 20'.

On remarquera surtout la direction évidemment fausse du premier point au deuxième. Quant à la différence dans les totaux, elle tient, ainsi que la précédente, à ce que M. Mac Carthy, en empruntant la nomenclature de Ptolémée, a rectifié les directions et les distances. C'est ainsi qu'il a supprimé le singulier écart dans l'Est que cette route fait dès le début. Mais nous ne savons pas pourquoi il n'admet que 25 kilomètres entre *Salde* et *Tubusuptus*, lorsque les anciens itinéraires donnent 25 et même 28 milles, ce qui équivaudrait à 37 kilomètres dans le premier cas, et à 41 kilomètres et demi dans l'autre. La carte de 1852 donne 30 kilomètres seulement (détours compris), entre Bougie et le Bordj Tiklat, dont les ruines passent pour être celles de *Tubusuptus*, sans que la synonymie soit pourtant établie sur des preuves irrécusables. C'est un des nombreux points à éclaircir dans la géographie ancienne de la Grande Kabilie.

Le long de la mer, la Grande Kabilie avait quelques établissements romains. C'était, d'après Ptolémée :

Rousoukourai (Dellis).			
Iomnion (Taksebt?). .	à	18	milles de Rousoukourai.
Rousoubeser (Abizar?)	à	...	
Rousazous.	à	37	— d'Iomnion.
Ouabar	à	12	
Saldai (Bougie). . . .	à	63	
Total		130	

D'après l'itinéraire d'Antonin :

Rusuccuro.	
Iomnio	12 milles.
Rusazis.	35
Saldis	35 ou 25.
Total.	82 ou 72.

D'après la carte de Peutinger :

Rusuccuru.	
Lominio	28 milles.
Rusippisir	42
Rusahu	23
Saldas	25
Total.	118

Lominio est une altération d'*Iomnio*; et *Rusippisir*, ramené à des éléments phonographiques réellement africains, devient *Rous Ibbisir* (le *Rous Oubeser* de Ptolémée), ou le cap (*Rous*), formé par un contrefort oriental du Djebel Bizar ou Abizar. On reconnaîtra sans peine dans *Rusahu*, le *Rousazous* de Ptolémée et le *Rusazis* de l'itinéraire.

Comme il y a entre Dellis et Bougie, par le littoral, 32 lieues kilométriques, détours compris, soit 86 milles romains, le chiffre donné par l'itinéraire est le plus près de la réalité. Au lieu de 128 kilomètres, M. Mac Carthy n'en compte que 109 entre les deux points extrêmes de cette partie de la côte, sans doute parce qu'il évalue en ligne droite.

Le préfixe *Rous* (cap), appliqué à trois de ces cinq localités, notamment à celle qui précède Bougie, annonce que cette route longeait le littoral.

Ptolémée et l'itinéraire nous donnent une autre voie, qui allait de Dellis à Bougie en passant par l'intérieur de la Grande Kabilie. En voici le détail :

D'après l'itinéraire d'Antonin :

Rusuccuru (Dellis).	
Tigisi (Taourga)	12 milles.
Bidil (Djema-Saharidj). . .	27
Tubusuptus (Bordj-Tiklat?).	40
Saldis (Bougie).	28
Total	107 milles.

D'après la carte de Peutinger :

Rusuccuru (Dellis).
Tigisis (Taourga). . . . . . 12 milles.
Syda (Djema-Saharidj). . . 32
Ruha (Ksar-Kebouche). . . 40
Saldas (Bougie) 25

Total. . . . . . . 109 milles.

Bidil, qui est aussi appelé *Badel* et *Bida*, paraît être la même localité que le *Myda* de la carte peutingérienne ; car la grande artère de la Kabilie ne se bifurquait probablement qu'au-delà de Djema Saharidj, auquel on l'identifie avec quelque vraisemblance ; et on ne peut supposer, dès-lors, que *Myda* soit un jalon de la branche septentrionale, comme l'était *Ruha*.

Nous constaterons que cette fois encore le chiffre donné par l'itinéraire d'Antonin (107 milles qui égalent 158 kilomètres), se rapproche le plus de la distance indiquée sur la carte de 1852, où l'on trouve 140 kilomètres avec les détours.

M. Mac Carthy, dans l'article déjà cité, indique d'autres voies de communication ; quoiqu'il les emprunte en grande partie à Ptolémée, autorité fort suspecte, nous les exposerons succinctement pour fournir aux personnes qui visiteront les localités des moyens d'étude et de contrôle.

Ce sont : 1° la route d'*Auzia* (Aumale) à la vallée du Bas-Isser, par

Auzia.
Fort hexaginal (Aïoun-Bessam) 18 kilom.
Auximis (Aïn-el-Soltan) 35

2° La route de la vallée du Bas-Isser au centre de la Grande-Kabilie par

Vasana (Bordj-Menaïel).
Phloriya (Aïn-Faci).
Oppidium (Tizi-Ouzzou).
Bida (Djema-Saharidj).

Une inscription, que le Musée d'Alger doit à M. le général Paté, qui l'a recueillie à *Tala-Isli* (en kabile, la Fontaine du Fiancé), sur la route du Bas-Isser, aux Flissa, semble indiquer qu'en cet endroit il y avait une station militaire appelée *Castellum-Tulei*. Nous ferons remarquer que ce dernier mot paraît être le *Tala* des Berbers latinisé.

3° Un tronçon de route qui reliait Bida à Iomnium, ville maritime, et jalonné par *Simitha* (Abizar ?).

4° De *Turaphilum*, — centre d'action des Romains sur la Grande Kabilie, et qui doit être cherché dans le haut de l'oued el Ḥad ou de l'oued Amrâoua, — en rayonnait

Sur *Bida*, par *Thudacca* et *Tucca*, 22 kilomètres ;

Sur *Tubusuptus*, par le col des Aït-Salaḥ, *Tusiagath* et *Rhobonda*, 40 kilomètres;

Sur *Ausum*, par le col d'Illoula et *Issara*, 20 kilomètres ;

Sur le Bas-Isser, par *Thibinis* et *Izatha* (Bordj-Bou-Ṛni), 85 kilomètres.

Les personnes qui ont eu occasion d'étudier l'Afrique de Ptolémée, comprendront tout le mérite du travail de M. Mac Carthy, qui s'est imposé la rude tâche de faire jaillir quelque lumière de ce chaos. Cependant, on ne saurait trop prémunir le lecteur contre ce qui provient d'une source aussi justement suspecte. Il est donc plus prudent de considérer la partie de la géographie ancienne de la Kabilie, empruntée à Ptolémée, comme une simple liste de faits à vérifier.

II.

Nous avons exposé succinctement l'état actuel de nos connaissances en géographie comparée, pour ce qui concerne la Grande Kabilie. Nous allons aborder les annales de cette partie intéressante de l'Algérie, si l'on peut donner ce nom à quelques lambeaux historiques entrecoupés d'énormes lacunes. On a dit que ce silence presque continuel de l'histoire sur l'Afrique témoignait de la tranquillité habituelle du pays. La conclusion est peut-être un peu téméraire ; on en jugera par l'ensemble des récits que nous allons examiner.

La guerre la plus ancienne dont la Grande Kabilie ait été le théâtre date de 23 ans avant Jésus-Christ. Rome ne possédait pas encore directement la Mauritanie, mais elle y avait des lieutenants indigènes qu'elle appelait *Reges inservientes*, ou rois tributaires.

Ptolémée, qui devait être le dernier de ces fantômes de souverains, régnait à *Julia Cæsarea* (Cherchel), lors de la révolte de Tacfarinas. Ce numide ne trouva même de l'appui dans les populations que parce que celles-ci, voyant leur indépendance près de périr, se sentaient disposées à suivre quiconque levait le drapeau de la nationalité.

Nous ne parlerons pas des premières expéditions de Tacfarinas, qui ont eu lieu sur un autre terrain que celui dont nous voulons nous occuper. Nous arrivons à celle qui mit fin à sa vie et aux espérances du peuple luttant sous ses ordres.

Tacfarinas se présenta, dans cette dernière campagne, appuyé par les Mauritaniens révoltés contre Ptolémée, leur roi, et par le chef des Garamantes, peuplades du Saḥara tripolitain. Dans un moment où il était presque entouré par les troupes romaines, il se dérobe à l'improviste et va mettre le siège devant *Tubuscum oppidum*.

M. Dureau de Lamalle voit dans ce nom une altération de Tubusuptus, et les circonstances bien étudiées de cette guerre lui donnent raison. Mais il place cette ville sur le oued Boubrak, en quoi il commet une erreur que les indications précises et concordantes des itinéraires anciens rendent manifeste.

Les Musulans (*Mas-Aïlan* ou fils d'Aïlan ?), peuplades sahariennes de la Numidie et d'une partie de la Mauritanie césarienne, se disposaient à entrer dans le mouvement provoqué par Tacfarinas, et auquel participaient les tribus du Tel septentrional. Si le numide chassait les Romains de leurs positions dans l'oued Saḥel, les révoltés du Nord et ceux du Sud se donnaient la main. Aussi, le proconsul Dolabella fortifie des postes avantageux dans le Sud, fait couper la tête à quelques chefs musulans qui commençaient à remuer; puis il marche sur Tubusuptus dont Tacfarinas lève le siège à sa seule approche.

Le chef de la rébellion, voyant cette partie essentielle de son entreprise manquée, se retire dans le Sud, à Auzea ou Auzia. Il fut surpris de nuit dans son camp et tué avec une grande partie de ses troupes.

A une époque où l'histoire n'indique aucune révolte dans ce pays, un document épigraphique conservé à Aumale met sur la trace d'agitations incompatibles avec cette tranquillité continue que certaines personnes accordent à l'Afrique toutes les fois qu'il n'est pas écrit expressément qu'elle se remue.

Dans la paroi méridionale de la Kaśba turque, à Aumale, est une inscription dédiée à Q. Gargilius, chevalier romain qui, entre autres fonctions, avait le commandement du goum d'avant-garde, à Auzia, vers 263 de Jésus-Christ, c'est-à-dire plus de *deux siècles* après que le pays avait été érigé en province romaine. La France après 22 ans a les siens à Biskara, à Lagouat; et il y a des gens qui se plaignent qu'on n'aille pas assez vite!

Pour revenir à notre Gargilius, il avait été honoré d'un monument dit l'inscription précitée :

... OB INSIGNEM IN CI-
VES AMOREM ET SINGVLA-
REM ERGA PATRIAM ADFEC-
TIONEM ET QVOD EIVS VIR-
TVTE AC VIGILANTIA FA-
RAXÉN REBELLIS CUM SA-
TELLITIBVS SVIS FVERIT
CAPTVS ET INTERFECTVS.
ORDO COL. AVZIENSIS
INSIDIIS BAVARVM DE
CEPTO PP. F. DD. VIII KAL.
APR. PR. CCXXI

« A cause de son insigne amour pour les citoyens et de la singu-
« lière affection qu'il portait au pays; et aussi parce que, grâce à
« son courage et à sa vigilance, le rebelle Faraxen avait été pris
« et tué avec ses partisans; le corps municipal d'Auzia a élevé et
« dédié (ce monument), à ses frais, à la victime des embûches des
« Baouares, le 24 mars, l'an 221 de la province. »

Le savant M. d'Avezac dit, à propos de cette inscription (Voy. *Esquisse générale de l'Afrique*, page 234) : « ... la date de l'année « provinciale soulève plus d'une question, et le chiffre même nous « en paraît erroné... l'inscription se rapporte à la guerre de Théo- « dose contre Firmus, et elle doit être réellement de l'année 373. »

M. d'Avezac confond le *Faraxen* de notre inscription avec le *Fericium* de la guerre de Firmus, deux personnages qu'un siècle entier sépare. Quant à l'ère provinciale, elle ne soulève aucune difficulté : nous avons, à propos d'une inscription de Cherchel, prouvé depuis plusieurs années que cette ère, commune à la Mauritanie et à la Numidie, commence à 43 de Jésus-Christ. D'autres documents épigraphiques, découverts depuis lors, ont confirmé ces assertions. La date n'est nullement erronée : elle est encore sur le mur de la Kasba d'Aumale, étalant aux yeux des moins clairvoyants les chiffres romains CCXXI, qui signifient bien 221 et répondent à 264 de Jésus-Christ.

M. d'Avezac est plus heureusement inspiré, lorsqu'il rapproche BAVARVM de Babor ou Babour, nom d'une montagne située un peu à l'Ouest de Bougie. Le *v* étant une articulation inconnue dans les idiomes berbers, il faut presque toujours y substituer le *b* quand on le rencontre dans un nom indigène romanisé. Il aurait pu rappeler aussi que Ptolémée place un *Vabar* dans la Grande Kabilie, à 40 kilomètres environ à l'ouest de Bougie, si toutefois on peut se permettre d'indiquer une distance et une orientation d'après ce géographe.

La position de *Vabar*, plus rapprochée d'Auzia, autorise à croire que ce peut être la contrée de la peuplade qui fit périr Gargilius en trahison.

Vers l'époque rappelée dans notre inscription (264), il y avait des causes de troubles en Afrique. Titus Cornelius Celsus augmentait alors le nombre des tyrans ou usurpateurs de la pourpre impériale que la nonchalance de Gallien encourageait à la révolte. Celsus, après avoir été tribun militaire, s'était retiré dans la province d'Afrique (partie nord de la Tunisie), où il possédait des terres et vivait dans la tranquille obscurité d'un particulier doué de quelque aisance. Malheureusement, l'Afrique voulut aussi avoir son tyran, et elle jeta les yeux sur lui. Il était de taille avantageuse, avec un air distingué ; et, chose assez rare chez les Romains de l'époque, il était d'une rare intégrité. Vibius Passienus, proconsul de la province, et Fabius Pomponianus, commandant de la frontière de Libye, le firent proclamer empereur. A défaut du manteau impérial, on lui jeta sur les épaules la robe de Junon Céleste, qui avait un temple fameux à Carthage.

Son règne dura sept jours ! puis, une femme nommée Galliena, cousine du souverain légitime, le fit massacrer par les habitants de *Sicca Veneria* (le Kaf, en Tunisie, un peu à l'Est de la frontière algérienne), qui jetèrent son corps aux chiens et attachèrent son effigie à un gibet.

Un peu avant cet événement, les Francs, nos ancêtres germaniques, étaient venus piller le littoral africain. Il n'y a donc rien d'extraordinaire à trouver vers cette époque de la fermentation dans la Grande Kabilie, une des principales citadelles de l'indépendance berbère.

De cette époque à l'an 297, la tranquillité ne fut pas sérieusement troublée en Afrique. Mais alors survint une révolte importante, puisque Maximien Hercule jugea nécessaire de la combattre en personne. Il est curieux de constater ce que les historiens du temps disent de cet évènement mémorable :

« Julianus et les Quinquégentiens agitaient violemment l'Afrique » (*Aurelius Victor*). »

« Herculius (Maximianus) dompta les Quinquégentiens, qui » avaient occupé l'Afrique (*Eutrope,* copié par Zinaras).

» Tu ferocissimos Mauritaniæ populos, inaccessis montium jugis » et naturali munitione fidentes, expugnasti, rupisti, transtulisti » (panégyrique de Maximinien). » C'est-à-dire : « Ces très féroces » peuples de la Mauritanie, qui se fiaient aux inaccessibles hauteurs » de leurs montagnes et aux fortifications naturelles de leur terri» toire, tu les as battus, soumis, transportés. »

A ces maigres documents sur l'expédition contre les Quinquégentiens, nous ajouterons une curieuse inscription que nous avons découverte à Cherchel en 1840, et où on lit une dédicace à Jupiter et aux autres dieux immortels par Aurelius Litua, personnage important de la Mauritanie césarienne, qui explique en ces termes les motifs de cette dédicace :

GRATVM REFERENS
QVOD ERASIS FVNDITVS
BARBARIS TRANSTAGNEN-
SIBVS SECVNDA PRAEDA
FACTA SALVVS ET INCOLVMIS
CVM OMNIB. MILITIBVS
D.D. N.N. DIOCLETIANI ET
MAXIMIANI AVGG.
REGRESSVS

Les Quinquégentiens vaincus par Maximien étaient-ils des peuples de la Cyrénaïque ou de la Mauritanie Tingitane, deux opinions opposées, dont chacune a ses partisans? Le panégyriste les appelait *Mauritaniens*, ce qui tranche une partie de la question; il ajoute qu'ils habitaient des montagnes fort élevées, renseignement un peu vague, mais qui, en le combinant avec d'autres, pourra prendre quelque valeur.

L'auteur de l'inscription que nous venons de citer appelle ces peuples *Barbari transtagnenses*, Berbers (c'est ici la vraie traduction), vivant au-delà des lacs. L'incertitude subsiste en partie; car la ligne des lacs intérieurs est fort longue. D'ailleurs, par rapport à Aurelius Litua, qui faisait graver l'inscription à Cherchel, il y avait encore le *lac* Halloula et les autres parties *marécageuses* de la Mitidja. D'où il résulte qu'on peut chercher ces *Transtagnants* au-delà des Chot et Sebḳa, des hauts plateaux, dans le Sud, depuis les frontières du Maroc jusqu'à celles de Tunis; de même qu'on peut aussi les chercher à l'Est, vers le territoire de la Grande Kabilie.

Dans la première hypothèse, les Quinquégentiens étaient avant 297 au Sud des Mauritanies; et après leur défaite ils ont été transportés dans la Grande Kabilie, le pays des Nababes. Dans l'autre hypothèse, on obtient une solution toute contraire.

Il faut, dans cette obscurité, saisir la moindre lueur qui se présente. Ebn Ḳaldoun dit que les Berbers de la Grande Kabilie appartiennent à la lignée de Ketama, quoiqu'ils le nient et qu'ils n'habitent plus depuis longtemps sur le véritable territoire de leur tribu, laquelle paraît avoir été établie, dans le principe, au Sud de la Numidie et de la Sitifienne, puis s'être étendue, ensuite, au Nord de l'Aurès et jusqu'au littoral.

D'après notre auteur, le pays de Ketama représente à peu près ce que nous appelons aujourd'hui la province de l'Est, comme le pays des Sanhadja répond approximativement à la province du Centre. Les Zouaoua, et par ce mot il entend la population de la Grande Kabilie; les Zouaoua, selon lui, n'habitent pas, quoique d'origine kétamienne, la terre des Ketama; mais ils sont établis entre cette terre et celle des Sanhadja.

D'après cet ensemble de faits, l'opinion qui semble la plus probable est que les Quinquégentiens transplantés par Maximien habitaient originairement au Sud de la ligne des lacs du centre, et qu'ils ont communiqué leur nom à la Grande Kabilie, où leur vainqueur les avait cantonnés. Si, plus tard, et du temps de la guerre de Firmus, il est encore question des Quinquégentiens du Sud, c'est sans doute que la transplantation n'avait pas été complète.

Nous ne nous dissimulons pas, du reste, que le nom tout politique de ces peuples rend très difficile la constatation de leur identité; car, nous le répétons de nouveau, il a pu y avoir à la même époque plusieurs confédérations de *cinq peuplades* auxquelles le nom de *Quinquegentiani* pouvait également convenir. Cette réserve indique que nous n'attribuons pas à nos conjectures plus de valeur qu'elles le méritent.

Nous passons une période de près de quatre-vingts ans, qui, sans avoir été exempte de troubles, ne nous fournit rien de particulier sur la Grande Kabilie. Nous arrivons donc à la guerre de Firmus, dont les premières opérations eurent lieu sur le territoire qui nous intéresse.

Avant d'entamer le récit des opérations du comte Théodose, il faut indiquer les causes de cette guerre.

Nubel — qu'Ammien Marcellin qualifie de roi des nations mauritaniennes et qui était chef des Zouaoua, ainsi qu'il résulte du récit même de cet historien, — Nubel laissa en mourant plusieurs fils, les uns légitimes, les autres naturels. Zamma, un de ces derniers, était en grande faveur auprès du comte Romanus, gouverneur de l'Afrique romaine; il fut tué clandestinement par son frère Firmus. Le comte poursuivit la punition de ce meurtre auprès de l'empereur avec tant d'acharnement, et en utilisant si bien les puissantes relations qu'il avait à la cour, que Firmus, désespérant de faire écouter les considérations justificatives qu'il croyait avoir à produire, ne vit pas d'autre moyen d'échapper à la punition que la révolte. Ces événements se passaient en 372 de J.-C.

La guerre qui éclata alors commença chez les Quinquégentiens. Ammien Marcellin ne les désigne pas par ce nom collectif; mais il nous fait connaître les *cinq* peuplades qui composaient leur confédération, et qui sont :

Les *Tindenses*, *Massinissenses*, *Isaflenses*, *Jubaleni* et *Jesaleni*.

Les *Massinissenses* se retrouvent de nos jours aux mêmes lieux où Théodose les combattit : ce sont les *Msisna* (en Kabile, *Imsissen*) qui habitent la partie moyenne de l'Oued-Sahel, rive droite. *Msisna* est le pluriel arabisé de Massen Issa ou fils d'Aïssa. Beaucoup de Kabiles portent encore ce nom propre, si célèbre dans l'Histoire d'Afrique sous la forme Massinissa.

Les *Isaflenses* sont les *Iflissen* que nous appelons *Flissa*, d'après les Arabes.

Les *Jubaleni* paraissent être les *Jebalin* ou *montagnards* par excellence, c'est-à-dire les Zouaoua qui habitent le Jurjura, la plus haute montagne de la Kabilie. C'est une désignation connue en géographie ancienne. Le psaume 82 met les *Jebaleni* au nombre des peuples ligués contre les Israélites. C'étaient des peuples *montagnards* de l'Arabie pétrée qui habitaient au Sud de la Mer-Morte. L'*âpreté de leurs montagnes* rebute le comte Théodose, qui renonce à les y poursuivre, dit son historien. Ebn Kaldoun décrit aussi les localités où habitent les Zouaoua comme un ensemble de *précipices formés par des montagnes tellement élevées que la vue en est éblouie, et tellement boisées qu'un voyageur ne saurait jamais y trouver son chemin.* On reconnaît, dans la Kabilie zouavienne, les mêmes lieux, le même peuple; et les *Jubaleni* sont bien ces montagnards (Djebalin) Zouaoua dont le pays a été entrevu avec des traits identiques dans la dernière expédition. Cette contrée mérite bien qu'on lui applique l'*inaccessis montium jugis et naturali munitione* du panégyriste de Maximien.

On dira peut-être que *Jebalin* ou *Djebalin* est arabe et non berber, et qu'il y a anachronisme à expliquer par la langue arabe un nom employé dans ce pays bien avant l'invasion musulmane. Nous ferons remarquer que ce ne serait pas l'unique cas de ce genre. Ainsi, toutes les localités situées sur des caps ou auprès, et dont les Romains nous ont transmis les noms plus ou moins altérés, commencent par les syllabes *Rus* ou *Rous* qui signifient *cap* en arabe; par exemple, *Rusadi*, *Rusgunia*, *Rusucurru*, *Rusicada*, etc. Il serait trop long d'expliquer la cause de ce fait, qui est incontestable, du reste.

L'empereur s'empressa d'envoyer en Afrique le comte Théodose, maître de la cavalerie. Théodose part secrètement d'Arles, vient aborder au Sahel de Djidjelli (*littus Igilgitanum*), et se rend à Sétif, où les troupes qu'on lui envoie d'Europe ne tardent pas à le joindre. Pendant son séjour dans cette ville, il négocie avec les tribus berbères, reçoit des propositions et demande des ôtages. Il va ensuite sur le littoral inspecter les troupes qui tenaient garnison en Afrique. Le lieu où cette revue fut passée est appelé de divers noms, variantes d'une désignation unique.

Parmi ces variantes, on remarque celle de *Panchariana*, station située, selon la table de Peutinger, entre Igilgilis (Djidjelli) et Cullu (Collo). Ce pouvait être un peu à l'Ouest de l'Oued el-Kebir, près d'un endroit nommé Kannar, où les indigènes signalent des ruines antiques.

Théodose retourne ensuite à Sétif, puis se met en route avec son armée grossie de quelques contingents indigènes. Nous n'essaierons pas de déterminer la synonymie de tous les points cités dans son itinéraire : les recherches de géographie comparée ne sont vraiment fructueuses et certaines que lorsqu'on les fait sur place et que l'on peut contrôler les textes par l'étude des localités. Ne pouvant remplir cette condition relativement à une contrée fermée jusqu'ici aux Européens, nous nous contenterons de fournir des matériaux accompagnés de quelques explications aux personnes intelligentes et studieuses que l'on compte en grand nombre dans les colonnes qui vont visiter la Kabilie.

De Sétif, le comte Théodose arrive à *Tubusuptus* que l'on s'accorde à placer au Bordj Tiklat sur la rivière de Bougie, à 30 kilom. de cette ville, selon la carte de 1852. Cette distance ne répond pas exactement aux 25 et moins aux 28 milles indiquées dans les itinéraires; car le premier chiffre donnerait 37 kilomètres et l'autre 41. Mais c'est la seule ruine — au moins dans la vallée du Sahel, ligne probable de direction — qu'il soit possible d'identifier à cette station antique. Ammien Marcellin dit que Tubusuptus était contigu au mont *Ferratus* (le Jurjura), ce qui est exact si l'on considère que ce nom s'étendait alors à tout le massif montagneux compris entre Dellis et Bougie. A partir de cet endroit, les opérations militaires commencent vers l'Ouest contre les *Tindenses* et les *Massinissenses*. Nous avons fait remarquer que, dans le même lieu, on trouve aujourd'hui les Msisna ou Imsissen, que le nom et la situation identifient assez naturellement aux Massinissenses. Cette analogie n'a pas échappé à la sagacité de M. Carette, dans ses *Études sur la Kabilie* (T. II, p. 374); il la signale au lecteur, ainsi que l'identité du Djebel Nagmous, qui s'élève sur ce territoire avec le Nagmus figuré exactement à la même place dans la carte romaine dite de Peutinger.

Les Tindenses étaient voisins des Massinissenses, mais un peu plus à l'Est, si l'on en juge par l'ordre dans lequel ces tribus sont énumérées, et par la direction des colonnes romaines.

Le comte Théodose bat ces deux peuplades, qui étaient commandées par Mascizel et Dius, frères de Firmus; il détruit de fond en comble la ferme de Petra (*Fundus Petrensis*), propriété de Salmaces (autre frère de Firmus) et qui avait presque les proportions d'une ville. On trouve au village de Kaazrou, chez les Beni-Ourtilan, des ruines romaines éparses autour d'une abondante fontaine. Elles sont dominées par le célèbre pic d'Azrou, dont le nom signifie un *rocher*. On serait tenté de placer en cet endroit la *ferme rocheuse* (Fundus Petrensis) d'Ammien Marcellin, si dans ce pays une désignation de ce genre ne pouvait convenir à un grand nombre de localités.

Enfin, le vainqueur, animé par le succès, s'empare de la ville de Lamfoct (oppidum Lamfoctense), et y forme aussitôt des approvisionnements considérables. Lamfoct était situé au cœur même des peuplades qui venaient d'être défaites. Théodose y fut attaqué par Mascizel, qu'il repoussa avec perte.

Firmus, découragé par ces échecs successifs, demande la paix; et, par l'intercession des évêques, l'obtient en donnant des ôtages. Ammien Marcellin ajoute que *deux jours* après, Firmus remit la ville d'Icosium (Alger), ainsi que les enseignes, la couronne sacerdotale et tout le butin qu'il avait fait. Si l'on pouvait être certain que cette distance de deux jours fût exacte, il faudrait chercher Lamfoct bien à l'Ouest du pays des Msisna. Quelque explication qu'on adopte, le récit d'Ammien Marcellin paraît manquer d'exactitude sur ce point.

La guerre ne fut pas finie par cette soumission qui n'était pas sincère; car les indigènes d'alors ressemblaient beaucoup à ceux de nos jours. Nous ne parlerons pas des opérations suivantes qui se passent beaucoup à l'Ouest et au Sud du terrain où nous avons voulu nous circonscrire; et nous reprendrons le récit des événements, lorsque les phases des combats y ramenèrent le général romain.

Après avoir lutté dans l'Ouest et au Midi, Firmus revint dans son pays natal, la Kabilie. Cette fois il s'appuya sur les Isaflenses que nous avons cru pouvoir identifier aux Flissa. Cette tribu combattit vaillamment sous les ordres de Mazuca, un des frères du rebelle;

mais la discipline romaine triompha d'une multitude confuse. Mazuca fut pris et se fit mourir en déchirant ses blessures.

Le comte Théodose résolut alors de s'attaquer au centre même de la résistance berbère; il s'enfonça au cœur du pays et attaqua résolument la tribu des Jubalènes (les Zouaoua). Mais la hauteur des montagnes et la facilité que ce terrain offrait pour les embuscades le décidèrent à ne pas pousser plus loin, quoiqu'il eût déjà tué beaucoup de monde à l'ennemi. Il se replia sur le *Castellum Audiense*, qui paraît être Auzia, ou Aumale; car la permutation du *d* et du *z* étant très fréquente dans les langues africaines; ou, pour mieux dire, le *d* y ayant quelquefois une prononciation assez semblable à celle du *z*, il est très probable que le Castellum Audiense est la même chose que le *Castellum Auziense*. Auzia (Aumale) avait alors comme aujourd'hui un genre d'importance militaire qui rend cette explication très naturelle; ainsi, nous lui voyons jouer en ce moment et sous ce rapport le même rôle qu'au temps de la domination romaine.

Théodose, après avoir reçu la soumission douteuse des Jesalènes, se remet bientôt en campagne et va prendre position au *Castellum Medianum*, que l'on a cru pouvoir identifier, à cause de l'analogie de nom, à Médéa. Dans un moment où les éléments de résistance étaient concentrés dans la Grande Kabilie, on ne concevrait pas le choix de cette position, qui en est fort éloignée. Il paraît plus probable que c'était à l'endroit appelé aujourd'hui Bordj Medjana (*Mediana Zabuniorum*) où le Kalifa Mokrani a bâti sa maison de commandement. Nous y avons vu des ruines romaines, notamment autour d'une fontaine où se trouvait jadis une inscription qui a disparu, employée sans doute avec d'autres matériaux antiques dans la construction moderne. Cet endroit, à portée de la Grande Kabilie, et rapproché de Sétif, qui était la base d'opérations du comte Théodose, rappelle d'ailleurs assez bien par son nom de Medjana celui de *Castellum Medianum* que lui donnaient les Romains.

C'est pendant un séjour dans ce fort que le général de Valentinien apprit que Firmus était revenu chez les Isaflenses et qu'il était appuyé par Igmazen, chef puissant de ces contrées. Ce nom est presque identique à celui d'Ismaguen qui appartient à la langue berbère et dont on trouve encore un exemple chez les Beni Djellil, qui sont entre Sétif et Oued-Sahel. Igmazen et Firmus combattirent énergiquement à la tête de 20,000 montagnards; une partie des troupes romaines lâcha pied, et Théodose fut heureux que les ombres de la nuit lui permissent de se retirer sur un fort appelé *Castellum Duodiense*, où il châtia cruellement les soldats qui avaient failli dans la lutte, multilant les uns, brûlant les autres (*Alios ademptis dextris, quosdam vivos combustos*). Il essuie dans cette position plusieurs attaques de nuit qui furent vigoureusement repoussées.

Les Jésalènes, dont la soumission n'était que simulée, avaient pris part à ces hostilités contre les Romains; le comte Théodose dévaste leur pays, puis retourne à Sétif.

Bientôt, il reprend la campagne et marche contre Igmazen, roi des Isaflenses. Ceux-ci éprouvèrent une si cruelle défaite, que leur chef songe à négocier. Mais ne voulant pas heurter les sentiments de ses sujets qui, malgré leurs échecs, tenaient encore pour Firmus, il vient furtivement au camp de Théodose, l'engage à poursuivre sans relâche les Isaflenses, qui étaient déjà fortement ébranlés. Le général romain suit ses avis, et agit avec tant de vigueur que les berbers fuyaient partout devant lui comme un troupeau. Quant à Firmus, il fut arrêté par Igmazen, au moment où il allait chercher un asile et des alliés sur un autre point. Mais le rebelle, devinant les projets de son hôte perfide, se pendit durant la nuit; et Igmazen, à son grand regret, ne put livrer qu'un cadavre aux Romains.

Cet évènement tragique termina la longue et sanglante insurrection dont le génie militaire du comte Théodose eut bien de la peine à triompher.

Firmus est appelé Thirmus par Paul Diacre. Pour comprendre l'appui qu'il trouva dans les populations indigènes et même parmi les Romains, dont les uns refusaient de le combattre et d'autres allaient jusqu'à embrasser son parti, il faut connaître les circonstances particulières de l'époque. Le comte Romanus, gouverneur de l'Afrique romaine, était un concussionnaire effréné : il ne protégeait pas les tribus soumises, ni les colonies romaines contre les attaques des barbares, et il dépouillait audacieusement ses administrés. Il avait auprès de l'empereur Valentinien un ami très bien en cour, Remigius, qui étouffait toutes les plaintes qui parvenaient contre lui. Ainsi, les Tripolitains ayant produit (en 369 de J.-C.) une réclamation de ce genre, Remigius eut le crédit de les faire renvoyer chez eux par une décision impériale ainsi conçue :

« Que les députés tripolitains qui sont venus à notre cour, mus » par des intentions frivoles appuyées sur des faits improbables, » s'en retournent honteusement dans leur province, et que les frais » de transport et de voyage soient à leur compte. »

L'Afrique était d'ailleurs déchirée à cette époque par l'hérésie des Donatistes devenue un véritable schisme. Les chrétiens indigènes en étaient particulièrement infectés, car alors, comme sous la domination musulmane, les Berbers se jetaient avec fureur dans l'hérésie et le schisme, parce qu'en protestant contre l'Église dominante, ils donnaient satisfaction, autant que les circonstances le permettaient, à la haine invétérée que leur inspire toute domination étrangère. Aussi, dans la Mauritanie, où ce sentiment avait plus d'énergie qu'ailleurs, les Donatistes étaient très nombreux ; et c'est là que Firmus recruta le plus grand nombre de partisans. La révolte religieuse et l'insurrection politique avaient si bien une cause identique et se confondaient tellement, que le mot *Firmiani* devint alors l'équivalent de *Donatistes*. Sans le concours des circonstances qu'on vient d'énumérer, Firmus n'aurait jamais pu soutenir une si longue lutte contre un guerrier aussi habile, aussi expérimenté que le comte Théodose.

L'histoire romaine, — on l'a vu, — parle rarement de la Grande Kabilie et ne s'étend pas beaucoup sur ce sujet quand elle l'aborde. La géographie ancienne est tout aussi sobre de développements. Ptolémée nomme dans ces contrées le mont Hérôn (et aussi : *Biren*, *Birin*), qui devient le *mons Ferratus* du Bas-Empire. C'est le *Djerjer* des Indigènes dont nous avons fait le *Jurjura*. Seulement, le nom antique avait une acception beaucoup plus étendue que la désignation moderne, puisqu'il se disait de tout le pays compris entre Dellis et Bougie. Le géographe d'Alexandrie ne connaît pas d'autres peuplades de ce côté que les *Toulinsiens ;* et il est seul à les connaître, car il n'en est absolument question que dans ses ouvrages.

Dans la longue liste des dénominations ethnographiques propres à la Grande Kabilie, on ne trouve que *Tedlès*, qui approche un peu du mot *Toulinsien*. Tedlès est le nom berber de Dellis et celui d'un cap situé un peu à l'Est de cette ville. Il vient d'*Adlès*, qui signifie l'espèce de jonc terrestre que les Arabes appellent Dis, et que l'on connaît généralement en Algérie. L'altération qui en aurait fait *Toulinsiens* n'est pas plus grande que celle qui a métamorphosé le nom berber *Ketama* en *Cédamousiens*. Dans ce dernier cas, les géographes modernes, en figurant le *kappa* des grecs par notre lettre *c* n'ont pas fait attention que celle-ci devant l'*e* et l'*i* se prononce comme un *s*. Ils auraient dû écrire *Kedamousiens*, où il devient déjà facile de retrouver la racine *Ketam*, surtout si l'on tient compte de la loi de permutation des consonnes fortes en faibles, et réciproquement. En appliquant cette observation au mot *Toulinsien*, on comprendra qu'il puisse venir du berber *Adlès* ou *Tadlès*. Dans cette hypothèse, les Toulinsiens ne seraient que les habitants des environs de Dellis, dont le nom aurait été étendu à tout le reste du pays situé à l'Ouest jusqu'à Bougie, par des circonstances qu'un exemple récent rendra très compréhensibles.

Dans les premières années de l'occupation française, il semblait qu'il n'y eût qu'une tribu arabe en Algérie, les Hadjoutes! Pendant longtemps, on n'a fait la guerre que contre eux, on ne parlait que d'eux. Si tous nos bulletins périssaient, sauf ceux de cette époque; et si, dans le même naufrage, disparaissaient tous les documents géographiques antérieurs, un nouveau Ptolémée ne manquerait pas d'écrire sur la carte de l'Algérie cette unique désignation ethnographique : LES HADJOUTES.

A notre époque d'immense diffusion des lumières, de rapide communication physique et intellectuelle, beaucoup de gens ont pu croire pendant assez longtemps qu'il n'y avait que des Hadjoutes en Algérie, ou qu'au moins c'était une tribu considérable; à plus forte raison une erreur analogue a pu se produire dans des siècles très éloignés de nous, sous le double rapport chronologique et scientifique.

La carte dite de Peutinger trace assez exactement le cours de la rivière de Bougie (oued Saḥel), selon Ptolémée le NASAOUA (et aussi NASABATH, etc.), nom que nos géographes modernes écrivent NASAVA, quoique ce soit évidemment un mot de la langue berbère, qui ne possède pas la lettre *V*. Le même document appelle les peuplades de la Grande Kabilie NABABES, désignation employée par le géographe d'Alexandrie sous la forme NABASES, qui est presque l'anagramme de NASAOUA ; mais qu'il applique à des populations situées au sud du mont KINNADA, que nous assimilons au Djebel-Ạmour. Au reste, comme les Nababes ou Nabases sont la même chose que les Quinquegentiani, et qu'il y avait de ceux-ci sur la côte et dans l'intérieur, cette double indication n'a rien qui doive surprendre.

L'invasion de l'islamisme en Afrique mit les vainqueurs et les vaincus en contact beaucoup plus immédiat que ne l'avait fait l'invasion romaine. D'abord, les Arabes trouvèrent les Berbers dans une phase sociale tout à fait identique à celle où ils étaient eux-mêmes. Les deux races vivaient de la vie patriarcale. Puis, les Mahométans n'avaient pas l'esprit de tolérance du polythéïme. Les indigènes durent accepter simultanément la domination et la religion de leurs vainqueurs. Ils ne furent jamais de très dévots musulmans, il est vrai : ils se précipitèrent dans toutes les hérésies qui furent de mode en Afrique; ils favorisèrent de toutes leurs forces le grand schisme qui enleva le Mareb aux kalifes d'Orient; mais ils n'en furent pas moins rapprochés de la société arabe par des rapports plus nombreux et plus intimes que ceux qui avaient existé entre leurs ancêtres et les Romains.

Aussi, les historiens et les géographes arabes s'étendent beaucoup sur la race Berbère; ils en donnent des généalogies très détaillées; ils racontent les faits principaux de leurs annales. Mais, comme nous l'avons déjà fait observer, ils enregistrent à peu près sans contrôle tout ce qu'il plaît aux Berbers de leur raconter sur leurs origines; et ceux-ci, par amour-propre national autant que par l'instinct d'exagération et de mensonge inhérent à leur race, ne se font pas scrupule d'altérer la vérité.

L'auteur qui fournit les renseignements les plus étendus et les plus exacts sur ce sujet est l'historien Ebn Kaldoun, dont M. de Slane, déjà connu par beaucoup d'utiles ouvrages en ce genre, vient de donner le texte d'après plusieurs manuscrits et dont il publie en ce moment la traduction. Nous devons aux travaux de ce savant orientaliste de pouvoir enfin connaître en détail et avec le degré de certitude que la matière comporte, les diverses peuplades qui vivent en Algérie.

Le témoignage d'Ebn Kaldoun dans toutes les questions historiques et géographiques qui concernent l'Afrique septentrionale est de quelque valeur. Cet auteur a passé presque toute sa vie dans le pays et a rempli des fonctions importantes auprès des divers souverains qui le gouvernaient. Il a fréquemment traversé le Mareb dans des directions différentes, et a longtemps séjourné dans les villes principales. Ses études théoriques sont considérables ; et, jointes aux connaissances pratiques dont nous venons de parler, elles constituent les plus satisfaisantes garanties qu'on puisse exiger en histoire et en géographie.

Ebn Ḳaldoun constate que les Zouaoua sont la tribu dominante de la Grande Kabilie. Leur territoire, où s'élevait la ville de Bougie, sépare les Sanhadja (Berbers de la province d'Alger), qu'ils ont à l'Ouest, des Ketama (Berbers de la province de Constantine), qui habitent à l'Est de leur pays. Leur contrée, essentiellement montagneuse, est comprise entre Bougie et le mont Teddelès, qui donne son nom au cap voisin, et qui est de toutes leurs retraites la plus difficile à aborder et la plus aisée à défendre. De là, ils bravaient la puissance des souverains de Bougie. Cependant, ils reconnaissaient leur autorité en principe, et leur nom figurait même sur le registre des peuplades qui devaient payer le tribut de conquête appelé Ḳaradj. Mais la soumission n'était guère que nominale; et l'impôt ne se percevait qu'autant qu'ils le voulaient bien, ce qui leur arrivait très rarement.

On remarque qu'à l'époque où le sultan Abou'l Ḥassan le Mérinide conquit le Maṛeb central, les Beni Iraten, peuplade de la Grande Kabilie, étaient gouvernés par une femme appelée Chimsi. Ce n'est pas un fait exceptionnel dans les annales des races berbères : on sait qu'une femme, Damia bent Nifaḳ, contint avec succès pendant quelque temps le flot de l'invasion musulmane. Les arabes, pour se venger d'avoir été battus par elle, l'appelèrent *Kahina*, ou la sorcière. C'est précisément l'injure que les Anglais ont adressée, dans des circonstances analogues, à notre héroïque Jeanne-d'Arc, qui mourut aussi martyre du plus pur patriotisme.

Le père commun de tous les Berbers est *Berr*, qui descendait de Mazigh, fils de Kenaan.

Berr eut deux fils : Bernès et Madṛis surnommé El-Abter, c'est-à-dire *sans postérité*, sobriquet assez difficile à comprendre, car ce Berber eut beaucoup de descendants, qui de lui prirent le nom de *Botr*.

Les Zouaoua tirent leur origine de ce Madṛis par *Semgan* ben Yaḥya ben Dari ben Zeddjik, ou Zahik. Le pluriel de Semgan est *Ismaguen*, qui se retrouve chez les Beni Djelliḷ. Nous avons déjà dit que le nom propre *Igmazen* paraît en être une altération.

Ebn Ḳaldoun, après avoir donné cette filiation et dit que les

Zouaoua séparent les Sanhadja des Ketama, revient sur cette opinion dans un autre passage, et affirme qu'ils sont Ketamiens. « Ebn Ḥazm, grande autorité, l'affirme, dit-il ; le pays qu'ils habitent le prouve ; car ils sont sur le territoire de Ketama, loin de Tripoli ou de Maṛeb el-Aḳsa (Maroc) où se trouvent leurs prétendus frères les Zouaṛa. L'erreur vient de ce qu'on les aura confondus avec les Zouaza, frères des Zouaṛa. » Effectivement, au point de vue de l'écriture, il n'y a entre *Zouaoua* et *Zouaza* que la différence du *ouaou* au *za*, deux lettres qui se ressemblent beaucoup.

Les Zouaoua s'appellent aussi Gaouaoua entre eux, désignation qui paraît inconnue à Ebn Ḳaldoun.

Cet historien, qui écrivait vers la fin du XIVe siècle de notre ère, indique la distribution des tribus des Zouaoua à cette époque et décrit le terrain de la Grande Kabilie. Il commence par donner, d'après les écrivains berbers, la généalogie que voici :

Les Zouaoua se divisaient en onze branches : les Medjesta — *Mellikeuch-Koufi-Mechdala* — Beni Zerikof — Beni Gouzil — Keresfina — *Ouzeldja* — Moudja — Zegloua — *Beni Merana.*

Nous avons souligné les noms qui sont encore usités, même celui d'Ouzeldja, où nous avons cru reconnaître, sous une forme arabe, le nom berber Ouzellaguen.

Les Beni Gouzil portent le nom d'une idole berbère qu'on appelle aussi Gourzil. C'était le fils de Jupiter Ammon ; on le représentait avec des cornes de bélier. Le musée d'Alger possède une de ces idoles qui provient des ruines d'Arzeu.

Les Beni *Merana* sont probablement les Beni *Amran.*

Il faut peut-être lire Z é ḳ f a o u a au lieu de *Zeglaoua.*

Des personnes pensent — et avec raison, dit Ebn-Ḳaldoun — que les Beni-Mellikeuch sont des Sanhadja, race Berbère qui habitait la partie centrale de la province d'Alger. — Cette petite tribu kabile du Jurjura méridional serait inconnue aujourd'hui sans ses brigandages, et surtout sans l'asile qu'elle donne au fameux Bou-Baṛla. Elle a cependant été jadis illustre et puissante : Alger fut sa capitale et la Mitidja son royaume. Mais la dynastie des Beni-Merin s'étant emparée du Maṛeb central, leur domination fut détruite. Les Thaaleba, de la lignée arabe des Makil, régnèrent ici après eux, jusqu'à l'arrivée des frères Barberousse qui tuèrent Selim et-Teumi, leur chef et le dernier roi d'Alger, massacrèrent ce qui subsistait de leur tribu, au point qu'aujourd'hui son nom même a complètement disparu de la province.

Du temps d'Ebn-Kaldoun, les tribus les plus marquantes des Zouaoua étaient : les Beni Idjer — Beni Manguellat — Beni Itzoun (ou Letrouz, d'après une autre leçon) — Beni Yanni — Beni Bou Ghardan — Beni Stourgh — Beni Bou Youcef — Beni Châïb — Beni Aïci — Beni Sadka — Beni Robrin — Beni Guechtoula.

Sauf les STOURGH (qui sont peut-être les ITSORA, autrement dits BENI ILLITEN) et les ITZOUN ou LETROUZ dont le nom paraît altéré, toutes ces tribus existent de nos jours aux mêmes lieux et avec les mêmes désignations.

Ebn-Kaldoun cite comme très boisé le territoire des BENI ROBRIN qu'il place sur le mont Ziri appelé aussi Djebel-Zan, à cause de la grande quantité de chênes de cette espèce qui s'y rencontrent. Selon M. Carette, qui appelle ces Kabiles Beni Roubri : « Dans la région haute de leur pays s'élève le Djebel Afroun, un des sommets les plus élevés du massif kabile. Cette montagne est couverte de bois. L'essence qui domine de beaucoup et qui règne presque sans partage, est le chêne *zan.* » (*Études sur la Kabilie*, t. II, p. 274).

On reconnaît facilement l'identité du Djebel Afroun et du Djebel Ziri. Ce pâté montagneux est situé entre Djema Saharidj et Ksar Kebouche.

Malgré les difficultés de terrain du Djebel Zan et la bravoure des populations qui en défendaient le passage, il fut traversé, en 748 de l'Hégir (1347 de J.-C.), par les Beni Abd el-Oued (1) et les Maraoua de la manière la plus audacieuse et la plus brillante. Cette petite expédition dans la grande Kabilie vaut la peine d'être racontée.

Après la prise de Tlemcen par le sultan mérinide Aboul Hassan, les Beni Abd el-Oued, anciens maîtres de cette contrée, et les Maraoua, leurs alliés, avaient été emmenés en Afrikia (Tunisie septentrionale) par leur vainqueur, qui voulait conquérir ce pays. Mais ces nouveaux sujets, impatients du joug, font défection près de Kérouan et prennent la résolution de retourner chez eux. Il fallait pour cela traverser la Tunisie, l'Algérie, et passer sur le corps de

(1) Les Beni Abd el-Oued descendaient de Djana ou Chana, père des Zenata. C'était une tribu sœur de celle des Beni Mzab. Les Maraoua avaient la même descendance et formaient une branche collatérale.

populations nombreuses et braves : la route était bien longue et semée de beaucoup de dangers.

Rien n'arrête les Beni Abd el-Oued : ils proclament émir Osmân ben Abd el-Rahmân en le plaçant sur un bouclier, cérémonie qui rappelle un usage germanique. Les Maraoua se donnent pour chef Alî Ebn Mendil. Les deux tribus prennent l'engagement solennel de faire route ensemble jusqu'à Tlemcen, se reconnaissant mutuellement le droit de se choisir un sultan et de reprendre l'héritage de leurs ancêtres.

Ces conventions faites et réciproquement acceptées, ils quittent la plaine qui est près de Tunis et prennent la direction de l'Ouest. Marchant sans dévier vers leur but, ils n'évitent aucun des périls échelonnés sur cette longue route. En vain les Berbers, de race zénatienne, Ourifen, Berrïa, et populations du mont Tabet auprès de Constantine, les attaquent avec fureur, ils ne réussissent pas même à leur enlever *une rognure d'ongle*, au dire d'Ebn Kaldoun.

En passant par Bougie, ils trouvèrent quelques bandes de Maraoua et de Beni Toudjin qui s'y étaient fixées après la conquête de Tlemcen par les Mérinides, et avaient pris du service dans la milice du sultan de l'endroit. Ils les entraînèrent dans leur mouvement, et, tous réunis, ils traversèrent la grande Kabilie, notamment le terrible Djebel Zân. Ils eurent affaire à des tribus vaillantes qui disputèrent courageusement le passage, mais sans pouvoir l'empêcher, tant les Beni Abd el-Oued se montrèrent dignes de leurs ancêtres par une invincible fermeté et cette impétuosité qui renverse tous les obstacles.

Leur marche victorieuse se continua jusqu'à Tlemcen, dont les Beni Abd el-Oued reprirent possession après avoir battu le sultan mérinide Abou'l Hassan.

Du temps d'Ebn-Kaldoun (fin du XIVe siècle de notre ère), les Berbers ou Kabiles n'étaient pas aussi exclusivement resserrés dans le pays montagneux qu'aujourd'hui. Les plus riches d'entre eux se livraient à la vie nomade, mais dans d'étroites limites et sans jamais sortir du Tel. Ils s'adonnaient à élever des moutons et des bœufs, se réservant ordinairement les chevaux pour la selle ou pour la propagation de l'espèce. Quelques-uns même élevaient des chameaux, quoique ce fût une industrie particulière aux arabes. Mais leur occupation la plus noble consistait à parcourir sans cesse le pays avec leurs chameaux, la lance à la main, et à dévaliser les voyageurs.

Ils s'enveloppaient de vêtements rayés (des haïks) dont ils rejetaient un des bouts sur l'épaule gauche, et laissaient flotter par dessus d'épais beurnous noirs ou d'un brun fauve. Ils marchaient en général la tête nue et se la faisaient raser de temps en temps.

Ils construisaient leurs maisons en pierres et argile, ou en roseaux et broussailles; quelques-uns habitaient sous des tentes faites de crin ou de poil de chameau.

Leur langage était un idiome étranger différent de tout autre; circonstance qui leur a valu le nom de *Berber*.

III.

Afin de rendre ces études aussi complètes que possible, nous les terminerons par le récit de la révolte de Gildon, en 398 de J.-C. Quoique le théâtre de cette lutte n'ait pas été la grande Kabilie, c'étaient les fils d'un de ses souverains qui y figuraient. D'ailleurs, on y rencontre de curieux détails de mœurs sur ces peuples à l'époque romaine; et c'est une bonne fortune trop rare pour ne pas la saisir avec empressement. Notre but n'est pas d'exhumer de ces curiosités archéologiques qui ne s'adressent qu'à un petit nombre d'érudits. Nous voulons mettre le lecteur à même de juger, par les faits, un peuple qui n'a pas sensiblement varié dans une longue suite de siècles, un peuple que des événements providentiels ont placé sous la domination de la France.

Le sujet que nous traitons aujourd'hui — la révolte de Gildon — est un épisode assez remarquable des annales de l'Afrique ancienne. On y voit ce pays tout entier échapper sans combat à l'autorité romaine, puis lui revenir presque sans lutte, à la suite d'une seule bataille où une incroyable panique fait tous les frais de la victoire. Ce n'est donc plus la guerre acharnée de Firmus : cette fois, la population berbère garde une attitude indifférente qui montre que, si elle était toujours impatiente du joug de Rome, elle n'éprouvait pas de bien grandes sympathies pour ses chefs indigènes.

Gildon était fils de Nubel, chef de la Grande Kabilie, et par conséquent frère de Firmus, dont nous avons récemment raconté la longue lutte contre Théodose, général de l'empereur Valentinien. Il n'avait point pris part à la révolte; et, en considération de sa fidélité,

Théodose le Grand, fils de celui dont nous venons de parler, l'avait mis à la tête des armées africaines, l'avait même admis dans la famille impériale en donnant son neveu Nebridius pour époux à Salvina, fille de Gildon. Ce chef Berber n'était pas seulement Grand-maître des deux milices (infanterie et cavalerie), il était, de fait, Gouverneur-Général de l'Afrique ; le proconsul romain, Probinus, dont l'autorité était purement nominale, ne siégeait à Carthage que pour la forme.

Gildon, affecta des allures indépendantes lorsqu'il se vit revêtu de cet immense pouvoir et possesseur de « tout le pays qui s'étend du « Nil à l'Atlas, des sables de Barca aux colonnes d'Hercule ; des « bords égyptiens aux rivages du Gange. » Telles sont les bornes que le poète Claudien assigne à ses États ; dégagée des enflures de l'hyperbole, cette délimitation signifie que ce chef Berber gouvernait la Cyrénaïque, la Tripolitaine, la Proconsulaire, la Numidie et les Mauritanies, territoire d'une étendue assez respectable pour qu'il ne fût pas nécessaire de le prolonger jusqu'à l'Inde ; mais ce n'est pas l'unique fois que le panégyriste de Stilicon grandit ses personnages au dépens de la vérité.

Les intentions secrètes de Gildon se manifestèrent assez clairement, lorsque le Franc Arbogaste, n'osant prendre la pourpre impériale pour lui-même, la donna à son protégé Eugène, ancien professeur de rhétorique, sous le nom duquel il pensait régner en effet. L'empereur Théodose, obligé de rassembler ses forces de toutes parts pour renverser l'usurpateur, s'adressa au comte Gildon ; mais ce chef n'envoya ni vaisseaux ni soldats, et garda une attitude expectante qui laissait planer des doutes sérieux sur sa fidélité.

Les embarras de l'Empire obligèrent de fermer les yeux sur cette conduite suspecte. De nouveaux embarras et plus graves fournirent à Gildon une occasion favorable de lever le masque.

Rome, c'est-à-dire le monde alors connu, s'affaissait sous son propre poids. La séparation en empire d'Orient et en empire d'Occident, sous Arcadius et Honorius, vint donner une consécration officielle à un fait qui était déjà depuis quelque temps du domaine de la réalité. Dans ce grand partage, les deux greniers de l'Empire — l'Égypte et la Libye (1) — échurent, la première à Constantinople

(1) Le mot Libye chez les Romains — et surtout chez les Grecs —

et l'autre à Milan. Car Rome, qui avait cessé d'être la capitale du monde, n'était même plus la métropole de l'Occident. La possession de ces provinces nourricières était une question vitale — au moral comme au physique — pour le peuple du PANEM ET CIRCENSES. C'était l'Afrique qui fournissait le blé, qui donnait le pain et les bêtes féroces qui alimentaient les jeux du Cirque. Or, les Romains, quoiqu'à peu près convertis au nouveau culte, n'avaient pas encore perdu le goût ni l'usage des combats sanglants du Cirque et de l'Amphithéâtre. Saint Augustin raconte que les chrétiens même y assistaient; et que dans ce lieu de tant de scènes atroces, si quelque chose venait à les effrayer, ils s'empressaient de faire le signe de la croix. Le saint évêque dit à ce sujet : « Ils portent au front un signe révéré; mais « s'ils l'avaient dans le cœur, on ne les trouverait pas à de sembla- « bles spectacles. »

Lorsque Gildon se dégagea du patronage de l'Empire d'Occident pour passer sous celui de Constantinople — pensant qu'en fait de maîtres les meilleurs sont les plus éloignés; — lorsque surtout il empêcha l'exportation des blés africains en Italie, le peuple romain, qui se vit sur le point d'être affamé, perdit subitement l'indifférence politique qui avait accueilli les précédentes usurpations du prince Berber.

Le poète Claudien résume les sentiments de l'époque sur ces graves événements dans un passage que, pour ce motif, nous allons reproduire. Il met Rome en scène et lui prête ce discours :

« . . . . Après tant de services, j'obtins la Libye et « l'Égypte : chaque été, de ces deux rivages, le blé arrivait en « abondance dans les greniers du Peuple-Roi et du sénat arbitre « de la guerre. Ma subsistance était assurée : si, par hasard, Mem- « phis ne pouvait fournir son tribut, les moissons de la fertile Gé- « tulie (1) compensaient la stérilité accidentelle de l'Égypte. Les

---

répond à ce que les arabes appellent Mar̤eb, à ce que nous nommons *Nord de l'Afrique*, *Afrique Septentrionale* et plus anciennement Barbarie. Cette dernière désignation, légèrement et rationnellement modifiée, deviendrait le mot *Berbérie*, (Pays des Berbers) qui est l'expression propre et a l'avantage d'éviter des équivoques et des périphrases.

(1) Cette assertion est une véritable licence poétique; car la Gétulie — qui correspond aux Zibân, ainsi qu'aux K̤sour du centre et de l'Ouest qui prolongent les Zibân du côté de l'occident, — la Gétulie n'a jamais dû produire beaucoup de céréales.

« navires chargés de céréales ne m'arrivaient pas moins ; et, souvent, « j'ai vu la voile punique rivaliser de zèle avec celle du Nil pour as- « surer mon approvisionnement. »

« Mais une autre Rome — (Constantinople) — s'élève à mes côtés « et se pose mon égale. L'Orient, séparé de moi, revêt aussi la « pourpre impériale, et les champs de l'Égypte deviennent son « partage. »

« Un unique espoir — la Libye — me restait : le seul vent qu'elle « souffle sur l'Europe, le *notus* (vent du Sud), amenait à peine de « quoi suffire à mes besoins. Toujours inquiète de l'avenir, toujours « indigente, j'invoquais sans cesse une heureuse année africaine et « des vents favorables. »

« Cette dernière ressource, Gildon vient de me la ravir, lorsque « l'automne déjà touchait à sa fin. Aujourd'hui, mes regards, agités « d'une espérance craintive, se promènent sur les flots azurés « cherchant à y distinguer un navire, faible secours que, par un « reste de pudeur, le tyran de l'Afrique aura laissé partir pour mes « rivages, ou qui aura échappé à la vigilance de cet usurpateur. »

« La nourriture de Rome est à la merci du Berber : il ne nous « l'envoie plus comme un tribut dû au souverain ; il l'accorde comme « un bienfait. Il traite le Peuple-Roi comme un esclave à qui l'on « donne chaque matin sa pâture. Gildon, au milieu de la surabon- « dance, agite s'il nous fera mourir de faim ou seulement souffrir « de la disette. Les larmes de mon peuple flatte son orgueil qui « jouit de tenir suspendue sur nos têtes la menace d'une grande « catastrophe. Gildon nous vend nos propres moissons ; car c'est « lui qui possède les champs que mon peuple avait acquis au prix « de ses blessures. . . . . »

Ce discours lamentable est d'une saisissante vérité. Depuis que l'Italie, jadis cultivée par de nombreux citoyens libres, était devenue l'apanage d'un très petit nombre d'opulentes familles qui l'exploitaient par le travail des esclaves, l'agréable avait remplacé l'utile : on avait des parcs immenses et peu de champs nourriciers. *Lati fundi Italiam perdidêre*, la grande propriété avait tué l'Italie.

C'est alors que Rome commença à tirer en grande partie sa nourriture de l'Égypte ou de la Libye, contrées qui acquirent par cela même une haute importance politique. Aussi, les prétendants à l'Empire, qui surgissaient si fréquemment à l'époque de la décadence, cherchaient toujours à prendre les clefs des greniers de l'Italie, à saisir cette précieuse Afrique (*Africa principibus opportuna*), trouvant plus sûr d'attaquer le peuple par l'estomac que de chercher à conquérir son cœur.

Ceci explique pourquoi la défense d'exporter les blés africains déchaîna toutes les colères romaines contre l'usurpateur berber.

Eutrope, en Orient, menait l'empereur Arcadius, comme Stilicon dirigeait Honorius en Occident; craignant de voir son rival qui venait de prendre Athènes arriver jusqu'aux portes de Constantinople, il décida son souverain à le mettre hors la loi et à s'unir avec le comte Gildon. Il croyait par là enlever à son profit l'Afrique à Honorius. Le rusé chef des Berbers, qui ne l'entendait pas ainsi, laissait faire parce que ces mesures favorisaient son intérêt du moment. Lorsque la combinaison imaginée par Eutrope se fut réalisée, le sénat romain s'émut enfin; il s'empressa de déclarer Gildon *ennemi public* et chargea Stilicon d'aviser aux moyens de le châtier promptement. Cela se passait en l'an 398 de J.-C.

Gildon était alors d'un âge assez avancé. Ce chef avait persisté dans le paganisme lorsque sa famille presque toute entière professait le culte chrétien. Cependant, il favorisait les schismatiques et hérétiques donatistes contre les catholiques. Il voulait sans doute flatter les instincts secrets du peuple berber qu'un besoin extrême d'indépendance politique prédisposait singulièrement à l'indépendance religieuse.

D'ailleurs, pour cette race qui frémissait toujours sous le joug étranger, adopter ou protéger une hérésie, c'était une manière détournée de protester contre la conquête, sans encourir les conséquences périlleuses d'une révolte directe.

Gildon s'était donc fait le protecteur d'Optatus, évêque schismatique de Thamugadis (1), qu'on avait surnommé *Dux Circumcellionum*, général des Circoncellions, parce qu'il passait pour diriger le brigandage et les sanglantes exécutions de ces enfants perdus du donatisme. Nous consacrerons plus tard une étude spéciale à cette

(1) On voit encore aujourd'hui les ruines de cette ville à TIMGAD, au pied septentrionale de l'Aurès, un peu à l'est de Lambèse. Le nom romain Thamugadis n'altérait que faiblement la désignation indigène qui s'est conservée jusqu'à nos jours.

secte qui déchira l'Afrique pendant si longtemps ; et la sombre figure de l'évêque Optatus sera décrite alors avec plus de détail.

Claudien a laissé de Gildon un portrait fort peu flatteur ; mais il faut remarquer que l'auteur est poète et, de plus, panégyriste de Stilicon. C'est à l'Afrique personnifiée qu'il confie le soin de peindre son tyran en ces termes :

« La troisième partie du monde est devenue le domaine d'un « brigand dont le cœur est tiraillé par des vices divers. Ce que « l'avarice profonde de Gildon lui fait acquérir, son luxe encore « plus détestable le dissipe. Terrible aux vivants, spoliateur des « morts sous prétexte d'héritage, ravisseur qui autorise à accepter « pour véritable de tous points l'odieux portrait que Claudien a « tracé. »

On a vu que Stilicon avait reçu la mission — assez difficile en apparence — de réduire Gildon l'usurpateur. Claudien prétend que l'empereur Honorius voulait aller combattre la révolte en personne ; mais que son ministre l'en détourna de toutes ses forces, lui disant que la terreur de son nom ferait bien plus que son épée impériale ! — *plus nominis horror quàm tuus ensis !*

Honorius « se plaint de sa grandeur qui l'attache au rivage » et reste en Italie. Stilicon, qui ne trouvait pas que la sienne fût de beaucoup inférieure à celle de son maître, ne crut pas non plus de sa dignité d'aller se commettre avec de vils Berbers. Il jeta les yeux sur Mascezel (1), frère de Gildon, et résolut de lui confier une entreprise où la vengeance et l'ambition devaient l'enflammer d'une nouvelle ardeur.

Mascezel, quoique fervent chrétien, n'avait pas toujours été un sujet très soumis de l'Empire. On l'a vu prendre une part fort énergique à la révolte de son autre frère, Firmus, et combattre contre le comte Théodose. Mais il avait fait ensuite sa paix avec les Romains ; et il l'avait observée d'autant plus fidèlement que l'ambition jalouse de Gildon, en ne lui laissant aucune autorité, le privait des moyens de la rompre. Les persécutions de ce frère, et, enfin, le meurtre de ses fils, l'avaient obligé de quitter l'Afrique et de chercher un asile à la cour d'Honorius, où il attendait l'occasion de ressaisir le rang et le pouvoir que sa naissance lui assignait.

---

(1) Zozime appelle ce prince Masceldel.

Cette occasion s'étant présentée, Mascezel partit d'Italie à la tête de cinq mille légionnaires, soldats Gaulois, Germains ou auxiliaires, pour attaquer Gildon qui pouvait facilement réunir soixante-dix mille hommes sous les armes ! Il fallait pour triompher dans une lutte aussi inégale, que la Providence le couvrît d'une protection toute particulière. Aussi ne négligea-t-il rien pour se concilier l'assistance divine. En touchant à l'île de Caprée, il prit deux moines d'une piété reconnue ; et les ayant adjoints à son expédition, il passait les jours et les nuits avec eux dans le jeûne et la prière.

Par une circonstance fort regrettable, le poème de Claudien s'arrête avant le débarquement de Mascezel, sur la côte d'Afrique ; et les historiens ne suppléent que bien imparfaitement à cette lacune capitale. Ainsi, ils nous montrent tout-à-coup Mascezel campé entre *Theveste* et *Ammedera*, sans indiquer l'endroit où il a abordé, ni les lieux où il a dû passer pour arriver à cette partie reculée de la Numidie.

Theveste est Tebessa que l'on vient d'occuper récemment ; cette ville possède encore son enceinte romaine et de beaux monuments assez bien conservés qui témoignent de son antique importance. *Ammedera* — l'*Ad-Medera* de la carte de Peutinger, — est indiquée à 25 milles à l'Est-Nord-Est de Theveste, distance et direction qui conduisent aux ruines de *Hedra* en Tunisie, très près de la frontière. Paul Orose précise l'emplacement du camp de Mascezel par une rivière qu'il appelle *Ardalio*, et sur les bords de laquelle ce chef et Gildon se livrèrent un combat unique et très décisif. Mannert et son commentateur assimilent ce cours d'eau à *Oued-Chabrou ;* M. le colonel Temple l'identifie à la rivière de Hédra, et il le désigne sous la forme *Ardalis.*

Ne sachant pas de quel point du littoral Mascezel est parti, ni, par conséquent, quelle route il a dû suivre pour marcher sur Theveste, il est difficile de choisir entre les deux synonymies proposées. La première hypothèse est assez satisfaisante, Oued-Chabrou étant sur une grande voie qui rattachait le littoral numidique — où il est probable que Mascezel avait débarqué — à la colonie très importante de Theveste. Il se trouve d'ailleurs entre cette dernière cité et Hédra, quoique un peu à l'Ouest de la dernière et séparé d'elle par le Djebel Dir des Oulad Yaḥya ben Taleb. Mais si l'on prend dans toute la rigueur de la lettre l'indication fournie par les anciens historiens, il faut chercher l'*Ardalio* dans l'Oued-Irougli, nom que porte Oued-Hédra dans son cours supérieur. Ce pays est montagneux et tel que devait être celui où campait Mascezel, lorsque réfléchissant à l'inégalité de ses forces, il songeait à abandonner son armée et à fuir par les étroits défilés qui l'entouraient (*per Angustos calles fugam cogitabat*).

On s'étonne en effet qu'avec une poignée de soldats, il ait osé pénétrer à une pareille distance de la côte, et surtout qu'il ait pu y arriver sans combat. Peut-être, Gildon, confiant dans ses forces très supérieures, l'avait-il laissé à dessein s'engager dans le cœur du pays, afin de mieux l'accabler par une défaite irrémédiable et dans des circonstances où la fuite serait presque impossible.

Nous ne poursuivrons psa davantage la solution d'un problème où des données essentielles nous manquent; et nous reviendrons à la narration des faits avec les seuls éléments que l'histoire ait conservés.

Mascezel, tourmenté par les appréhensions dont nous avons parlé, eut une nuit la vision de saint Ambroise, archevêque de Milan, mort l'année précédente. Le vénérable prélat tenait à la main son bâton pastoral; il en frappa la terre, à trois reprises, répétant chaque fois le mot *hic* qui veut dire *ici*. Le chef berber comprit que cela signifiait que dans trois jours, à cet endroit même, il remporterait la victoire. Rassuré dès lors sur l'issue de la lutte, il abandonna tout projet de fuite et passa en prières la nuit qui le séparait du jour de la bataille.

Le lendemain, une multitude immense d'ennemis entourait de toutes parts sa petite armée. Celle-ci se composait des légions *Jovienne*, *Herculienne*, *Augustienne*, d'auxiliaires, de soldats qui marchaient sous l'étendard du *Lion*, de corps surnommés *fortunés*, *invincibles*. Mais, alors, la légion romaine n'offrait plus comme jadis le chiffre imposant de six mille hommes; et Mascezel ne comptait pas en réalité beaucoup plus de 5,000 combattants. Il est vrai que c'étaient pour la plupart de vieux soldats expérimentés habitués à vaincre les barbares et que ceux-ci avaient appris à redouter.

Gildon avait réuni 70,000 guerriers. Il avait des Gétules, habitants des contrées dactilifères situées au Sud des dernières chaînes de l'Atlas; il avait même des Ethiopiens (1), peuples à la peau

(1) Ces Éthiopiens sont probablement ceux que le cosmographe Ethi-

noire, sans être nègres, et qui vivaient dans les oasis les plus méridionales de la Berberie, au pied septentrional de l'*Areg* (l'*Astrix* d'Ethicus), cette longue ligne de dunes qui sépare le terrain arable (*viva terra*) des solitudes sablonneuses que les bandes pillardes de Touareug parcourent aujourd'hui concurremment avec nos Chaamba non moins pillards.

Lorsque Gildon contemplait l'immense armée qui l'entourait, ses innombrables et agiles cavaliers du Sud, il se sentait plein de confiance; il se vantait même de fouler aux pieds des chevaux la poignée d'hommes que son frère osait lui opposer et d'ensevelir dans le nuage de brûlante poussière soulevée par leur course rapide ces pâles visages de la Gaule et de la Germanie qui venaient se mesurer avec ses Africains brunis par les feux du soleil de Libye. Mais, à la guerre, si, en thèse générale, la victoire se prononce pour les gros bataillons, il y a des exceptions à cette règle, et la journée qui se préparait allait en fournir un exemple éclatant.

La circonstance la plus imprévue et la plus frivole amena un dénouement contraire à toutes les probabilités. Mascezel, se voyant abordé par les premières bandes de l'armée ennemie, essaya quelques propositions pacifiques sur les individus les plus rapprochés de lui. Un porte-étendard, irrité des paroles de paix qu'il faisait entendre, excitait violemment ses camarades à n'en pas tenir compte et à combattre sans retard et sans relâche. Mascezel donna à cet homme un coup de sabre qui lui fit lâcher son drapeau. L'armée de Gildon s'aperçut de ce mouvement, mais elle n'en comprit pas la

---

cus — auteur fort peu connu — appelle AETHIOPES GANGINES et qu'il place auprès du mont Astrix (ligne des dunes de l'Areg). Dans cette hypothèse très vraisemblable il conviendrait de rectifier la version, donnée au dernier n°, du passage où Claudien indique les limites des États de Gildon. Au lieu de rendre *quodque Parætonio secedit littore Ganges* par « ce qui s'étend de l'Égypte au Gange » il faudrait dire : « ce qui s'étend de l'Egypte aux Gangines. » L'erreur où nous étions d'abord tombé, avec tous les autres traducteurs, était assez naturelle, *Ganges* étant très connu comme nom d'un fleuve de l'Inde, tandis qu'il ne l'était pas du tout dans le sens particulier que lui donne Claudien, celui de pays de Gangines. Cette désignation de GANGINES nous paraît être une corruption du nom kabile *Iznaguen*, pluriel de *Zanag* dont les arabes ont fait Sanhadja, que leurs historiens appliquent aux peuples qui vivent de temps immémorial dans les lieux où Ethicus place ses *Gangines*.

véritable cause; et crut, en voyant cette enseigne s'abaisser devant les Romains, que l'avant-garde faisait sa soumission. Le mot *trahison* courut alors dans tous les rangs avec une rapidité électrique et détermina un sauve-qui-peut général. Cette panique une fois entrée dans la cohue que Gildon traînait avec lui, il n'y eut plus moyen d'en arrêter les effets. On n'y réussit pas toujours en pareille circonstance avec les troupes les plus disciplinées.

En quelques minutes, cette grande affaire se trouva donc décidée, et l'Afrique retourna encore une fois sous la domination romaine sans beaucoup plus d'efforts qu'il n'en avait fallu pour la détacher. Les Berbers, qui pouvaient croire que Mascezel allait succéder à Gildon, n'avaient pas un grand intérêt à continuer la lutte, et leur amour naturel de la nouveauté trouvait d'ailleurs son compte dans ce changement subit. L'évènement singulier qui termina si brusquement le règne de Gildon arriva dans les premiers mois de l'année 398 de J.-C. Il y avait à peu près douze ans que ce chef était maître du pays.

Abandonné de tous, Gildon s'enfuit vers le littoral; il voulait s'embarquer pour aller chercher un refuge à la cour d'Orient. Déjà il avait réussi à prendre le large, lorsque des vents contraires le ramenèrent sur la côte d'Afrique, et l'obligèrent de descendre à *Tabarca* (aujourd'hui Tabarque), ville qui marquait la limite de l'Afrique proprement dite (la *Friguïa* des Arabes) et de la Numidie. On s'empara du fugitif, on le donna en spectacle au peuple, qui — d'après les lois immuables du *Vœ victis* — ne lui épargna aucune sorte d'injure et d'outrage; puis on le jeta en prison. Mais Gildon se préserva de nouvelles insultes et du supplice ignominieux qui l'attendait en s'étranglant de ses propres mains.

Gildon mourut païen et presque le seul de sa nombreuse famille qui eût conservé l'ancien culte : sa femme était chrétienne et d'une vertu très remarquable; sa sœur poussa la ferveur jusqu'à se faire religieuse; et sa fille Salvina, qui avait épousé un neveu de l'empereur, passe aussi pour avoir donné des preuves d'une rare piété.

Mascezel venait de rendre un empire à Honorius et la nourriture au peuple romain; il devait s'attendre à une récompense proportionnée à la grandeur du service. Mais la foi punique n'était pas alors uniquement à l'usage de Carthage; et la cour dégénérée de Milan, peuplée de généraux, de ministres vandales, Gots, Huns, etc., avait adopté la politique des barbares, en même temps que leur concours. Elle pensa que la fortune venait de grandir Mascezel dans des proportions inquiétantes; elle réfléchit qu'il avait au moins le droit de réclamer une large part des immenses et riches domaines de son frère; elle craignit que cet allié du jour ne devînt l'ennemi du lendemain. Dès lors, l'arrêt du vainqueur de Gildon fut prononcé.

Mascezel était venu à Milan pour rendre compte du succès de son entreprise, et pour recevoir sans doute la rémunération méritée par le succès. Un jour qu'il passait sur un des ponts de la ville, Stilicon fit signe à quelques-uns de ses satellites de le saisir et de le jeter dans la rivière. Cet ordre muet fut aussitôt exécuté en présence même du ministre sur qui les convulsions suprêmes du malheureux qui se noyait ne produisirent pas d'autre effet qu'un bruyant accès d'hilarité. L'historien Zozime note cette circonstance caractéristique sans la blâmer, non plus que le meurtre lui-même, tant ces sortes de choses semblaient alors naturelles.

Les auteurs contemporains ne disent pas quel effet produisit ce meurtre odieux sur les populations indigènes de l'Afrique. Il a dû nécessairement augmenter la haine que l'on portait à la domination romaine.

La mort de Gildon fut le signal d'une persécution contre ceux qui avaient été ses partisans. L'évêque donatiste Optatus, — dont nous avons parlé et que le peuple surnommait souvent *Gildonianus* à cause de son dévouement sans bornes au tyran, — fut jeté en prison, châtiment qu'il avait amplement mérité. Mais la persécution ne s'arrêta pas aux coupables et elle s'étendit sur beaucoup d'innocents. Avoir de la richesse ou des ennemis particuliers désignait suffisamment aux rancunes et à la cupidité des dénonciateurs. Sous le voile de la politique, en augmentait ainsi son bien sans travail, où l'on vengeait ses querelles personnelles sans péril. Mascezel fut accusé de n'avoir pas opposé une volonté assez ferme à ce torrent de dénonciations; et les historiens ecclésiastiques regardent sa mort tragique comme une punition providentielle de cette faute impardonnable.

Les Romains ne voulurent pas préparer les voies à une nouvelle usurpation en donnant à quelque chef berber tout ou partie des domaines particuliers nombreux et considérables que Gildon laissait après lui et qu'on avait jadis accordés à ce prince après les avoir confisqués sur Firmus qui les tenait de son père Nubel. On les réunit au fisc impérial; et leur importance était si grande, comme nombre et comme valeur, que l'on créa pour les gérer, ainsi que les immeubles des partisans de Gildon, un fonctionnaire spécial sous le titre de *Comte du patrimoine Gildonien.* Cette création n'était pas sans utilité, car ceux qui avaient de ces propriétés, avec ou sans titre, ne s'en désaisissaient pas facilement. On le voit par une loi de 401 adressée au comte Bathanarius, chef des armées d'Afrique, loi portée contre ceux qui détenaient les biens de Marcharidus, un des partisans de Gildon, et refusaient d'en opérer la remise au fisc. On fit aussi rendre gorge aux Berbers qui, à la faveur des derniers troubles, s'étaient emparés des fermes des colons romains. Tout cela ne s'exécuta pas sans quelque résistance ; et il est aisé de reconnaître, malgré le laconisme des historiens de l'époque, que la défaite de Gildon n'avait pas abattu la turbulence africaine, toujours prête à saisir le moindre prétexte de révolte. Donatisme, paganisme, etc., tout fournissait une occasion opportune aux Berbers pour protester contre une domination étrangère qui ne savait que les vaincre et n'avait jamais songé à rendre la victoire féconde et décisive, en amenant graduellement le vaincu à n'avoir nul intérêt matériel ou moral à retomber dans la révolte.

Adrien BERBRUGGER.

En terminant ce travail, nous indiquerons aux personnes qui voudraient étudier à fond les populations dont nous venons d'esquisser rapidement l'histoire à l'époque romaine, trois ouvrages importants sur la matière. Ce sont :

1° *La Grande Kabilie*, de M. le général Daumas ;

2° *Études sur la Kabilie*, de M. Carette ;

3° *L'Histoire des Berbers*, par Ebn Kaldoun, traduction de M. de Slane.

IMPRIMERIE CH. DURIEZ, A SENLIS.

www.ingramcontent.com/pod-product-compliance
Lightning Source LLC
LaVergne TN
LVHW020251230826
846091LV00006B/2355

9782012861244